# CALAIS

# ET SAINT-OMER,

## Par H. PIERS,

CORRESPONDANT

*du Ministère de l'Instruction publique
pour les Travaux historiques.*

AIRE.

IMPRIMERIE DE POULAIN, RUE D'ARRAS.

1843.

# CALAIS ET SAINT-OMER.

*« Le ciel fit pour s'aimer des cœurs qui se ressemblent ! »*

Nous l'avons déjà dit : « Peu d'années après la soumission des Audomarois à la fortune des armes du grand Roi, une communication fluviale plus directe renouvela insensiblement les antiques liens d'estime et d'amitié, et les relations commerciales des habitants de Calais et de Saint-Omer. » Ils étaient en effet bien anciens les rapports affectueux de ces cités célèbres, l'ornement de la Morinie.

« Calais, frère et voisin fidel, » a dit Le Nort.

Saint Bertin, dont le nom est honoré à Saint-Omer à l'égal du fondateur, fit construire l'église primitive de Saint-Pierre de Calais, desservie par les moines de l'abbaye jusqu'en 1179. — Le comte Walbert d'Arques avait donné cette partie du littoral à saint Bertin.

Le sérieux démêlé avec cette communauté pour la pêche du hareng est attesté par nos annalistes. Lors de l'inventaire fait en 858 par l'abbé Adelard, Scala, ou Calais, ne consistait qu'en une maison, une vigne et quelques labours.

Arnould I.er, comte de Flandre, avait en 939, le jour de saint André, donné le Calaisis aux religieux de Saint-Bertin ; Arnould II le leur reprit pour pouvoir mieux au besoin le défendre contre les Normands, et les moines, par la suite, ne furent que trop souvent tentés de contester relativement à de prétendus empiétements de leurs droits.

*Non nostrúm inter vos tantas componere lites ;*

mais si les prétentions des moines audomarois ont pu paraître exagérées, elles prouvent au moins l'immense crédit du monastère de Sithieu dans ces temps reculés.

C'est à Calais que s'embarqua le chatelain de Saint-Omer lorsque le fils du roi de France, victorieux, alla orner son front de la couronne d'Albion. Le 5 octobre 1317, le comte de Flandre recommanda aux Audomarois de ménager les habitants de Calais dans leurs expéditions belliqueuses. L'année suivante, Philippe V manda aux Audomarois de cesser toutes hostilités à l'égard des habitants de Calais jusqu'à la fête de la Toussaint. En conséquence, une procuration fut délivrée pour traiter d'une trève entre Saint-Omer et Calais.

C'est lors de l'immortel siége de cette ville par les Anglais que furent touchantes les relations des Calaisiens avec les habitants de Saint-Omer ! — Calais était alors mouvant de Saint-Omer.

La plupart de ceux qui avaient survécu à la plus mémorable défense s'était réfugiés dans la cité des Audomarois ; les nobles exilés obtinrent immédiatement de leurs bons voisins l'hospitalité la plus généreuse, et leur sang se mêla insensiblement avec celui de leurs hôtes. Les plus pauvres reçurent toute espèce de soins des charitables religieux de Saint-Bertin, qui ne pouvaient oublier que Calais leur avait jadis appartenu. Nous avons déjà en 1832, dans nos *variétés historiques*, parlé des *réfugiés de Calais*; ils n'eurent pas à regretter les pertes qu'ils avaient faites. En 1348, Baude d'Aire fut fait mayeur. (Plus tard, le père d'Aire chercha à prouver sa descendance de Jean d'Aire). — Baudouin de Wissant fut doyen de la collégiale en 1363. — On voit encore à Notre-Dame le tombeau d'Antoine Wissocq, descendant d'un des réfugiés de 1347. — Ces d'Aire, ces Wissant, avaient été aussi magnanimes qu'Eustache de Saint-Pierre dans leur généreux sacrifice. — Les sceaux de Hugues de Calais et de quelques échevins se rencontrent encore dans le *grand Cartulaire de Saint-Bertin*.

C'est au magistrat de Saint-Omer qu'avaient été adressées les lettres-patentes de Philippe de Valois favorables aux fugitifs. Ce monarque avait tenté inutilement d'opérer la levée du siége, et c'est à Saint-Omer que les prélats pacificateurs avaient établi leur résidence. C'est à Saint-Omer, il n'est que trop vrai, à Saint-Omer qui avait accueilli jadis avec enthousiasme l'œuvre dramatique du *poète-citoyen* loué par Louis XVI, que, dans ce siècle de lumière, le sublime dévouement d'Eustache de Saint-Pierre a semblé être mis en doute, mais ce n'est pas un Audomarois qui a décoché le trait sacrilège. — Parce que l'étranger avait en son pouvoir Calais et Thérouanne, c'est en vain qu'il se croyait le maître de la France ! L'année suivante, Geoffroi de Charni, gouverneur de Saint-Omer, suivi d'un grand nombre de Calaisiens impatients de rentrer dans leurs foyers, fut sur le point d'enlever sa conquête à Edouard III, mais il fut désappointé, dans la nuit du 31 décembre au 1.er janvier 1349, par la perfidie du gouverneur italien, sur lequel il ne tarda pas à exercer une trop cruelle vengeance. — Eustache de Ribaumont vint à Saint-Omer après avoir combattu Edouard III. Ce dernier, pour ses vastes desseins sur la France, avait eu besoin d'un port à la portée de Londres et avait promis d'ailleurs d'écraser dans leur nid les Calaisiens, qu'il considérait comme des oiseaux de proie qui, depuis si long-temps, désolaient le commerce britannique. En vain le roi de France s'était présenté; alors les Anglais, sans craindre les assiégés de Calais, faisaient des courses jusques aux murs de St.-Omer.

C'est dans une des salles de l'abbaye de Saint-Bertin que Jean II ordonna à Boucicault de se rendre à Calais pour proposer à Edouard III un noble et patriotique cartel.

C'est de Saint-Omer qu'en juillet 1360, le régent, depuis Charles V, partit pour retrouver à Calais le noble captif de Poitiers qu'il accompagna ensuite à Notre-Dame de Boulogne. — Par lettres-patentes d'Edouard III, du 6 novembre 1363, la chartreuse de Saint-Omer fut rétablie dans la jouissance de ses propriétés du Calaisis. — On trouve dans nos archives des lettres du chevalier Michel Chamwert, capitaine des château et ville de Calais, portant défense à ceux de son gouvernement de faire aucun dommage à l'église et à la communauté des religieuses de Sainte-Claire, près la porte du Brûle, à Saint-Omer. — Après la prise de Calais, l'abbaye de Saint-Bertin avait perdu ses propriétés dans ce canton.

C'est en quittant Calais en 1380, le 20 juillet, que le duc de Buckingham s'avançant sur Saint-Omer, « considéra long-temps du haut d'une montagne cette ville alors l'une des plus belles de l'Europe. » — « Il voulut voir Saint-Omer, dit Froissart, pour ce que cette ville lui semblait belle de murs, de portes, de tours et de beaux clochers. » Richard II et Charles VI partirent simultanément de Calais et de Saint-Omer pour présenter et recevoir la jeune reine d'Angleterre Isabelle, entre Ardrès et Guisnes.

Diverses tentatives pour ressaisir la précieuse place de Calais furent combinées à Saint-Omer, c'était une gloire de reprendre ce point; par cette porte toujours ouverte, l'étranger tenait à sa ceinture les clefs de la France. Le comte de Saint-Pol, défait près de Calais, s'enfuit à Saint-Omer. — Souffrant un dommage immense de la possession

de Calais par les Anglais, les ducs de Bourgogne prépa-
rèrent à Saint-Omer des forces formidables, mais ces
princes, qui n'avaient pas assez respecté le sang français
qui coulait dans leurs veines, échouèrent également dans
cet important projet. — C'est de Saint-Omer que chevaucha
l'habile Philippe de Comines pour s'aboucher avec Vaucler,
à Calais, « le plus grand trésor d'Angleterre et la plus belle
capitainerie du monde, » sinon de la chrétienté, après
Venise, la ville la plus riche de l'Europe, pour laquelle le
vaillant d'Esquerdes serait volontiers resté un an ou deux
en enfer. — Pendant le siége de Saint-Omer, en 1477,
par Louis XI, lord Hastings, gouverneur de Calais, lui
avait envoyé un message amical, mais le roi de France
s'en était rallié. En 1489, Denis de Morbecq de Saint-
Omer, fidèle à son prince, vint à Calais pour lever une
compagnie d'Anglais qui contribua à repousser de Dix-
mude les Gantois révoltés.

En 1513, Henri VIII vint de Calais à Saint-Omer, alors
que l'Angleterre et l'Espagne étaient réunies contre la
France, et bientôt s'en suivit la bataille des Éperons,
ainsi que la prise de Thérouanne. Une quarantaine d'années ensuite, après le sac de l'antique capitale de la Morinie, ses derniers citoyens, plongés dans la plus affreuse
misère, vinrent en foule dans la ville d'Eustache, « comme
dans un lieu où ils espéraient trouver des moyens de sub-
sistance. » Alors, les Anglais avaient dit adieu à la *forte
ville*, à la vieille conquête, à Calais si cher, et les descendants des vieux Morins contribuèrent surtout à le repeupler.
Il fut question même d'y établir le siége épiscopal. Le
drapeau français flottait de nouveau sur les murs recon-
quis de Calais. En moins d'un siècle, souvent l'on a vu, la
fortune d'un état prendre des formes diverses, et le sort
des hommes devient de plus en plus incertain, comme celui
des empires. En 1558, Marigny, vidame de Chartres,
gouverneur de Calais, chercha à s'emparer de St.-Omer,
alors à l'Espagne, voulant renouveler l'exemple audacieux
de Geoffroi de Charni, tentative dont l'issue fut semblable.
« Elle faillit, dit Brantôme, et ne tint pas à lui. Il faut s'en
prendre à ceux qui en furent cause. » Des intelligences
avaient été aussi pratiquées dans la place ; de nombreux
prisonniers français avaient, à dessein, ménagé les prin-
cipaux bourgeois qu'ils devaient égorger dans les ténèbres,
et l'entrée du vieux château avait été facilitée. Le vidame
s'était rendu, sous un prétexte fallacieux, à Ardres, pendant la nuit du 9 septembre, et de là avait marché, à la

tête de quelques régiments, jusqu'aux murs audomarois.
Déjà les conjurés avaient massacré deux ou trois corps-de-
garde; mais des lenteurs survinrent, des renforts arrivè-
rent, la porte sur laquelle on comptait ne put être livrée à
propos, et les mesures vigilantes du gouverneur ; Philippe
de Sainte-Aldegonde , déjouèrent les ruses de son adver-
saire, auquel on reprocha d'avoir la veille trop long-temps
dîné en route, et qui fut obligé de rétrograder avec perte.
Le secret avait été, dit-on aussi, vendu par un Espagnol
de la garnison de Calais.

C'est à Calais que le duc de Longueville, abusé par une
apparence de succès, manda avec empressement, en novembre 1594, qu'il venait de s'emparer de la *forte ville
de Saint-Omer.* C'est vers cette époque, qu'à la suite de
dégats commis dans le Calaisis par les troupes du comte de
Mansfelt , le magistat de Saint-Omer, en réponse à de justes
réclamations et en considération des intérêts commerciaux,
assura les habitants de Calais qu'il ne désirait rien tant
que le maintien des relations de bon voisinage.

Le cardinal Albert partit de Saint-Omer, avec Durosne
et le comte de la Bucquoy, le 8 avril 1596, et alla momen-
tanément ravir encore Calais à la France. Le magistrat de
Saint-Omer lui avait fourni pour ce siége 1200 rasières de
blé. Le tableau de cette prise par Vandick se trouve, dit-on,
à l'hôtel-de-ville de Bruxelles. « Elle fut surprise par les
Bourguignons, s'écria alors un chroniqueur contemporain,
notre Hendricq, lesquels ont bon espoir la tenir et la gar-
der à toujours, par la grâce de Dieu, malgré et Anglais
et Français. » Cette historique ville de Calais, qui sembla
aux divers partis devoir être invincible, menacée plusieurs
fois par l'une et l'autre nation d'être rasée, fut cependant
rendue à jamais à la couronne par la paix de Vervins.
L'artillerie bourguignonne retourna alors à Saint-Omer le
28 juin 1598; elle consistait en 36 grosses pièces.

Pendant le séjour de Henri IV à Calais, le bon roi « à
chacun qu'il rencontrait, s'enquiestait de l'une chose et de
l'autre, même à *aucuns de Saint-Omer* qui passaient leur
chemin, et leur demanda en leur serrant la main où ils
allaient.... » Lorsque son fils Louis XIII s'y trouva à son
tour, le prince de Condé, mécontent de la préférence
qu'il accordait à de Luynes, le quitta brusquement pour
se rendre à Saint-Omer. — Le vainqueur de Lens fit le
même voyage le 4 juillet 1657. — Les Irlandais de la
garnison de Calais se trouvaient au siége de Saint-Omer
de 1638.

Le grand Roi réunit enfin sous le même sceptre les villes amies de Saint-Omer et de Calais; la paix de Nimègue fit, pour la première, ce que la paix de Vervins avait déjà obtenu pour la seconde.

A la prise de Saint-Omer, en 1677, ce furent les Calaisiens qui entrèrent les premiers en vainqueurs dans les murs de la place assiégée. En 1684, les ambassadeurs du roi de Siam, débarqués à Calais, se rendirent aussitôt à Saint-Omer.

La réduction de Saint-Omer au pouvoir de Louis XIV ouvrit aux Calaisiens un commerce étendu avec toute la Flandre : c'est l'origine du *canal de Calais*. « C'est la grande rivière de Saint-Omer qui sera pour nos descendants, a observé l'historien Bernard, un monument recommandable de notre attachement à maintenir le commerce. » La maison de ce mayeur éclairé eut le privilège d'être assaillie par les bombes anglaises pendant les efforts désespérés des Stuarts pour remonter au trône de leurs ancêtres; et c'est de St.-Omer que s'élancèrent les nobles prétendants vers les rives ingrates d'Albion. Jetant un regard impassible sur ses propres désastres, l'annaliste calaisien s'écrie alors avec intrépidité : « Ainsi, il nous arrive des disgrâces que toute la prudence du monde et toute la précaution ne peut empêcher. » Comment *désormais* ne pas se résigner soi-même après un tel exemple ? — Les *Annales de Calais* furent imprimées à Saint-Omer en 1715. En cette ville de Calais (aujourd'hui si distinguée par ses lumières et son urbanité, riche en établissements littéraires et scientifiques, recommandable par sa société savante et ses hommes de lettres) « En cette ville, nous n'avons pas d'imprimeur! » disait l'auteur attristé. — Le numéro 3217 du catalogue de l'abbé Aubin mentionne une description des Pays-Bas, par Guicciardin, imprimée à Calais en 1609. Cet ouvrage a été vendu en 1830. — En 1710, après la retraite de Marlboroug, une partie de la garnison de Calais fut envoyée à Saint-Omer où elle concourut avec les bourgeois à l'armement des remparts.

Calais et Saint-Omer demandèrent presque simultanément les humbles frères de la doctrine chrétienne. « Ces simples précepteurs avaient paru si utiles alors, que les plus grandes villes de France, observa Lefebvre, l'autre historien de Calais, s'étaient empressées à les attirer chez elles. »

Louis XIV vint de Calais à Saint-Omer. — Louis XV s'embarqua au faubourg du Haut-Pont pour Calais. —

Le 23 septembre 1791, les volontaires calaisiens se rendirent au rassemblement indiqué à Saint-Omer.

C'est à Calais que fut élu membre de la Convention, le 7 septembre 1792, Jean-Baptiste Personne, mort vice-président du tribunal de Saint-Omer, à jamais digne de nos plus chauds éloges pour son opinion dans le procès de Louis XVI. Bien différent de l'impitoyable Robespierré, que le sophiste le plus adroit ne parviendra jamais à réhabiliter, ce généreux citoyen exposa ses jours pour sauver les jours précieux du Roi-martyr.

« Le peuple est pour ceux qui font peur. » Les Calaisiens ont donné bravement un démenti à cette assertion d'un écrivain moderne, en s'empressant de chasser de leurs murs l'infâme Lebon, qui vint terrifier Saint-Omer.

C'est en 1792, que vint de Calais le brave et généreux général Seroux pour commander la place de Saint-Omer.

Il est bon de rappeler quelquefois les belles actions des personnes que nous avons connues, c'est un hommage reconnaissant à leur mémoire; c'est un exemple souvent utile à ceux qui leur survivent.

Les années 1793 et 1794 n'étaient pas abondantes comme les années 1834 et 1843; l'anarchie avait triomphé de l'ordre, et produisait la guerre avec toutes ses horreurs, la disette avec ses affreuses conséquences. La ville de Saint-Omer se trouvait alors totalement dépourvue de grains. On ne savait où trouver des vivres indispensables; un grand nombre de malheureux, aigris par la faim, roulaient déjà les projets les plus funestes, et l'autorité ne savait comment faire face à ces embarras multipliés. M. Dethosse, substitut de l'agent national près le district, se détermina alors à se rendre auprès du représentant *Ludot*, à Calais, et à force d'instances, le détermina, le 22 février 1795, à accorder aux Audomarois mille quintaux de blé, qu'ils s'empressèrent d'aller chercher avec trente-deux chariots attelés de quatre chevaux. Ce secours inattendu apaisa les esprits irrités et contribua à ramener la tranquillité dans cette cité.

M. Dethosse, justement aimé et considéré, après avoir rempli les fonctions de juge-de-paix, exerça celle de juge auprès du tribunal civil de Saint-Omer pendant les dernières années de son existence.

M. Dufour, l'un des courageux protecteurs des malheureux naufragés de 1795, conduits et ramenés de Calais à Saint-Omer sans trouver de bourreau, a été membre aussi du tribunal de Saint-Omer. M. Michaud, curé cons-

titutionnel de Saint-Bertin et victime des terroristes, était de Calais ; M. Huguet, dernier curé de Notre-Dame de Calais, était de l'arrondissement de Saint-Omer. — M. Predhomme, le curé actuel, est Audomarois. — L'abbé Dufour, aumônier de l'hospice de Calais, était l'un des derniers religieux de St.-Bertin. — L'abbé Caron, vicaire à Calais, était le dernier moine de Clairmarais. — C'est en 1624, qu'Adam Lottman, habile sculpteur demeurant à Saint-Omer, exécuta l'admirable rétable du chœur de Notre-Dame de Calais. — Collet, l'auteur de la *Notice historique de Saint-Omer*, était du canton de Calais; Jean Derheims, le journaliste audomarois, l'élégant auteur des *Annales de Saint-Omer*, est de la ville même d'Eustache, et sa plume éloquente n'a pas manqué à la mémoire de son illustre compatriote (1). Francia, dans son style original, a pu traiter les Audomarois d'*Iroquois*.... L'on connaissait la pureté de ses intentions, et, après sa ville natale, c'était Saint-Omer d'ailleurs qu'il affectionnait le plus. Au reste, pourquoi cette expression a-t-elle été employée de nouveau par l'*Indicateur de Tourcoing* du 27 juin 1841 ? — Le bibliothécaire actuel de Saint-Omer est de Calais. — « Que l'histoire nous apprenne donc à supporter le temps où nous vivons, et les *citoyens* qui vivent avec nous ! »

Quand donc verra-t-on Calais faire d'Eustache de Saint-Pierre le sujet de sa fête historique ? — C'est dans les manuscrits de Louis Brésin, né dans l'arrondissement de Saint-Omer, que l'on retrouve les véritables armoiries de Calais.

Le concours musical du 7 août 1836 prouva de nouveau la sympathie des Calaisiens et des Audomarois. — C'est Calais qui a donné l'impulsion aux travaux historiques dans cette contrée. L'*Indicateur de Calais* en est une preuve estimable et irrécusable.

Saint-Omer et Calais prétendirent également au *Portus Itius*, mais l'histoire ne couronna pas ces prétentions : « Le but auquel doit tendre tout bon antiquaire est de retrouver la vérité par l'examen des faits. » Mais le service de la barque de Saint-Omer à Calais, postérieur d'un siècle à l'établissement du canal, n'en continue pas moins, depuis le 11 octobre 1780, son train ordinaire,

---

(1) De *nouvelles considérations* ou *dernières notes* sur le dévouement d'Eustache de Saint-Pierre ont été adressées par M. H. Pieu à la Société d'Agriculture de Calais.

perpétuant entre les deux villes les habitudes communes de la vie. La question du chemin de fer a ravivé la sympathie des Audomarois et des Calaisiens, et ceux-ci ont fait l'offre gratuite de la partie de terrain entre ces deux villes. Nous souhaitons aux autres cités une union pareille : « Si chacun voulait vivre en paix et se contenter de ce qu'il a, il y aurait assez de place pour tout le monde. »

# LES NAUFRAGÉS DE CALAIS.

« Dieu ! que ne suis-je né dans les murs de Calais ! »

Le duc de Choiseul-Stainville, dont la tête avait été mise à prix dans sa patrie pour son dévouement aux infortunes royales, avait pris la résolution d'aller dans les Indes-Orientales pour se mesurer contre le fameux Tippoo-Saëb, dans l'intérêt du gouvernement anglais. Il s'embarqua à cet effet à Stadt le 12 novembre 1795 ; mais bientôt une tempête poussa son vaisseau sur les côtes de France, et deux jours après, malgré des efforts désespérés, il échoua sur la plage de Calais. Il ne tarda pas à être arrêté avec tous ses malheureux compagnons, parmi lesquels étaient MM. de Montmorency, de Vibray et Charles de Damas. Leur situation était périlleuse : émigrés rentrés, l'identité suffisait pour la mort. — Il était bien loin assurément l'esprit du siècle qui se conformait au synode de 1078 et au concile de Nantes de 1127, qui excommuniaient tout individu qui attentait aux personnes et aux biens des naufragés, et ceux qui réduisaient en esclavage les voyageurs échappés à la tempête. — Toutefois, ces recommandables proscrits reçurent des Calaisiens un accueil aussi convenable que le permettaient les redoutables circonstances du temps. Il parut alors à l'hôtel-de-ville des personnes qui, n'osant se montrer ouvertement compatissantes, trouvèrent néanmoins divers moyens de contrarier

l'impulsion révolutionnaire. Parmi les généreux Calaisiens qui n'hésitèrent pas, non sans danger pour eux-mêmes, à disputer la vie des naufragés aux terribles légistes, nous signalerons le conseiller Dufaux et surtout le maire de l'époque, Blanquart de Bailleul. — Cette année 1795, déjà horrible par la mort du jeune Louis XVII, la sanguinaire et perfide exécution de Quiberon (1), l'audacieuse mitraillade des Parisiens, l'on aurait voulu encore la rendre remarquable par la punition d'un crime de naufrage, et ajouter au nombre des victimes de nos discordes civiles une douzaine de fidèles Français qu'avaient épargnés les vagues et les vents en furie!

Le lendemain de son arrestation, le duc de Choiseul avait écrit au Directoire pour lui demander sa mise en liberté et celle de ses amis. Au commencement de décembre, ils furent transportés à Saint-Omer. Arrivés au milieu de la nuit, ils restèrent plongés vingt-un jours dans les casemates de l'antique Sithieu. Traduits en cette ville devant une commission militaire, cette assemblée se déclara incompétente et les renvoya chacun devant les tribunaux de leurs départements respectifs. L'esprit de parti rugissait alors contre ces infortunés, et tout faisait appréhender un sinistre résultat. — Par arrêt de la cour de cassation, du 1er janvier 1797, ils furent renvoyés pardevant le tribunal du Pas-de-Calais, séant à Saint-Omer. Le 14 juin suivant, ce tribunal se déclara compétent, sans s'arrêter au réquisitoire du commissaire du pouvoir exécutif, lequel se pourvut en cassation. — La cour suprême s'honora dans cette crise en proclamant par deux fois que ces exilés n'étaient pas dans le cas de l'application de la loi. — Il s'agissait surtout de gagner du temps..... Les naufragés de Calais durent alors une seconde fois la vie à un jurisconsulte loyal et renommé, à l'accusateur public même, à M. Gosse. — La cité des Audomarois aurait été avilie par une condamnation inique contre des hommes qui portent « ces noms historiques » auxquels la gloire a accoutumé depuis long-temps notre

(1) Les nommés d'Albert-Mirel et Vanoche, nés à Saint-Omer, furent condamnés à mort, à Vannes, par une commission militaire, le 31 juillet 1795, comme ayant été pris à Quiberon; lors de l'érection du monument à la mémoire des victimes de cette expédition, notre administration locale prescrivit des informations en 1825, mais les recherches furent inutiles sur les familles de ces individus.

»oreille. » Le comte Claude de Choiseul, un des plus grands capitaines de son siècle, avait été gouverneur de Saint-Omer depuis le 12 août 1684 jusqu'au 22 septembre 1706; l'abbé de Saint-Bertin, de Choiseul-Beaupré, appartenait à la famille de l'*accusé*; et parmi ses courageux *complices* se rencontraient plusieurs Audomarois. — Dans les conseils politiques de la nation, l'affaire des naufragés donna lieu à la plus vive fermentation et parvint bientôt au comble de la célébrité. Les amis de l'humanité se rappelaient avec effroi le supplice héroïque de l'abbé de Bastard, qui avait échoué le 19 avril 1793 sur la plage de Bandol; mais il s'éleva en faveur du duc de Choiseul un cri général d'intérêt et de compassion qui contraignit le Directoire à ne pas l'immoler si précipitamment. — Trop juste retour des choses d'ici-bas: le plus ardent de ses adversaires, banni aussi de son pays par les passions politiques, se vit trop heureux plus tard d'invoquer d'un monarque voisin *le bénéfice de la tempête*.

Durant ces orageux débats, les nobles détenus attendaient dans les cachots humides et glacés de la citadelle de Lille l'appparition d'un pouvoir réparateur.... Il avait fallu toute la bassesse d'un gouvernement pusillanime pour offrir un tel asile au noble et courageux duc de Choiseul. Enfin l'ordre se rétablit dans notre patrie, l'opinion sage de Portalis prévalut, et les naufragés furent sauvés.

Bonaparte considéra avec raison qu'ils n'avaient pas touché le sol de la France par leur propre volonté, mais par une nécessité impérieuse, et, contre leur gré, par la force majeure la plus irrésistible; il prescrivit leur élargissement. — Déjà il avait préservé de l'échafaud la famille de Chabrillant, que la tempête avait jetée sur le rivage français peu après le siége de Toulon.

Six ans après son naufrage, le duc de Choiseul adressa une lettre de reconnaissance au premier magistrat de l'*illustre commune* de Calais (M. Blanquart de Bailleul). Par le traitement qu'il y avait éprouvé, elle lui avait donné le droit de se croire un de ses concitoyens. «Est-il un titre plus honorable! (il écrivait ainsi) dans chaque habitant, je vois un bienfaiteur. » Ceci rappelle les rapports touchants de cette patriotique cité avec le poète Debelloy.

En 1824, le duc de Choiseul envoya à la ville de Calais un exemplaire de son *Histoire et Procès*, avec une lettre autographe, qui furent déposés à la bibliothèque publique.

Napoléon combla de ses faveurs M. Blanquart de Bailleul: «J'ai voulu donner, dit-il, cette marque d'estime au

maire de Calais pour sa conduite dans l'affaire des naufragés. » — Louis XVIII lui fit aussi, au même titre de
sauveur, l'accueil le plus distingué.

Charles X, en 1827, dans sa visite à la citadelle de Lille,
ne put se soustraire aux plus douloureuses impressions en
apercevant la casemate où ces émigrés, échappés à la colère
de l'Océan, eurent à supporter une captivité si cruelle, en
contemplant les ouvertures pratiquées au travers d'épaisses
murailles, par lesquelles on passait du pain et de l'eau à
ses intrépides et dévoués serviteurs.

Nous ne savons si l'érudit Pigault-de-Beaupré a terminé
ou publié sa relation complète du naufrage de 1795; mais
aujourd'hui toutes les opinions généreuses sont d'accord
sur cet événement mémorable; elles flétrissent la haine
aveugle du Directoire et louent l'humanité judicieuse du
premier consul. — Les coups de mer même qui, en 1829
et en 1832, forcèrent d'amener le *Williams de Liver-*
*pool* et le *Carlo-Alberto* produisirent au moins une reconnaissance unanime du droit des gens à l'égard du duc de
Choiseul; et l'*Almanach du Pas-de-Calais* déclarait, en
1840, que les Calaisiens s'étaient conduits avec autant de
fermeté que d'humanité dans l'affaire des naufragés, en
contribuant à arracher de nobles victimes aux tribunaux
révolutionnaires.

# ORIGINE

## DU

## CANAL DE SAINT-OMER A CALAIS.

La réduction de Saint-Omer au pouvoir de Louis XIV
avait ouvert aux habitants de Calais un commerce avec
toute la Flandre; mais pour l'établir, il fallait ou remettre
l'ancien canal qui conduisait à la rivière d'Aa par Grave-

lines, ou en creuser un nouveau par un chemin plus court. Cette grande affaire fut mise en délibération, et il fut résolu d'abandonner l'ancien canal comblé de sable, dont l'entretien aurait été d'une trop forte dépense, et d'en creuser un nouveau, ce qui fut fait aux dépens des négociants de Calais, qui se cotisèrent volontiers chacun selon ses facultés, et il se fit une levée de 45,000 livres sur toutes les terres du pays pour contribuer à cet important ouvrage, qui fut achevé au grand avantage du commerce de la contrée. C'est la grande rivière de St.-Omer qui sera pour nos descendants un monument recommandable de notre attachement à maintenir le commerce. (*Bernard.*) L'ancien canal commençait au pied du glacis de Calais, à l'endroit où est le pont Thierry et qui conduisait delà à la rivière d'Aa vers Gravelines, d'où il était aisé de pénétrer dans la Flandre. Le nouveau canal fut commencé au fort Guillemain et on le conduisit à la rivière d'Aa. (*Lefebvre.*) Le canal qui dessèche le Bredenarde, et le pays de l'Angle au nord de Saint-Omer, améliore considérablement le fonds de terre de ces deux cantons : il est praticable pour des bateaux, et il va se décharger dans la mer près de Gravelines ; on y a fait des écluses considérables pour soutenir les eaux de la mer, notamment dans les hautes marées, et pour les empêcher de fluer sur les terres.

Cette remarque est extraite de *la Notice de l'état ancien et moderne de l'Artois*, publiée en 1748, et s'applique sans doute spécialement à ce qu'on dénomme canal de Gravelines ; mais à cette époque, on s'occupait de perfectionner le canal de *Saint-Omer à Calais*. Le gouvernement s'était fait rendre un compte exact de l'état des lieux, des travaux qu'il convenait de faire pour procurer aux eaux du Calaisis, de l'Ardrésis et du Bas-Artois des écoulements suffisants ; et le conseil d'Etat avait rendu, les 13 septembre 1738 et 15 mars 1746, un arrêt qui avait ordonné l'exécution desdits travaux. (*Henry.*)

Ce fut alors que fut construit un des monuments du dix-huitième siècle : commencé le 10 juin 1749, le *Pont-sans-Pareil*, pour l'exécution duquel on avait employé 57,000 pieds cubes de pierres taillées et 600 toises cubes de blocailles, fut terminé en 1752. (*Collet.*).

La première pierre de ce pont, cité par Bélidor comme un chef-d'œuvre, a été posée le 6 juillet 1750. Impossible de passer au-dessus ou au-dessous sans l'admirer. — Il est élevé au point même où le canal de Saint-Omer coupe celui d'Ardres à angle droit.

Creusé sur une longueur de 15,570 toises, tirant son origine au Wez, sur l'Aa, à 2,778 toises au-dessous du premier pont tournant de Watten et son embouchure dans la rivière de Guisnes, à la tournée d'Ardres, située à 4,500 toises au-dessus du pont de Saint-Pierre-lez-Calais, « Le canal de Calais remplit une double fonction, il est navigable et sert à l'écoulement d'une partie des eaux du pays. » (Allent.)

Les chroniques les plus anciennes nous font connaître que, dans les premiers siècles de la monarchie, le Bas-Artois et le Bas-Calaisis étaient presque dépourvus de population, et que cette contrée n'offrait que le spectacle désolé de vastes marais ou d'arides pâturages inondés une partie de l'année. L'Indicateur de Calais, n.° 130, a révélé une lettre d'Arnould III, comte de Guisnes, du 1.er avril 1256, concernant la construction d'un canal dans le pays de l'Angle. Antoine de Croï en devint possesseur vers le milieu du quinzième siècle, et s'appliqua expressément à en opérer le desséchement. Il fit notamment percer un large fossé ou watergand, nommé Croïgracht (gracht, mot flamand signifiant fossé), prenant sa source au bout du marais d'Audruicq, à l'endroit appelé Rebut, traversant et séparant le pays de l'Angle du Calaisis et se déchargeant dans la rivière d'Aa qui tombe dans la mer à Gravelines. Mais le seigneur bourguignon s'apercevant que ses travaux étaient insuffisants pour dessécher complètement cet espace marécageux, donna en arrentement, à divers habitants de ce pays, plusieurs parties du terrain qui lui avait été concédé, dans l'espoir qu'ils parviendraient à ce but utile par des efforts nombreux et mutuels. Dès lors, ces habitants établirent des watergands ou fossés publics, qui existent encore, pour recevoir les eaux des fossés particuliers et les répandre dans le Croïgracht, sur Gravelines.

Toutes ces améliorations étaient cependant encore insuffisantes. Mieux avisés, les administrateurs de Saint-Omer et de Calais firent, tant pour faciliter un plus large écoulement des eaux que pour entretenir une navigation plus commode entre ces deux villes, creuser un canal qui prit une branche de la rivière d'Aa à l'endroit dit le Wez.

On exécuta dans l'année 1680, un peu au-dessous de Watten, le nouveau canal ou jonction de la rivière de Calais avec la rivière d'Aa, pour favoriser le commerce entre les Calaisiens et les Audomarois. (Grand Cartulaire.) Dom Devienne assigne la même date à cette salutaire entreprise qui, selon Deneufville, fut terminée à l'avantage

signalé des deux villes, qui retentissaient alors du grand
nom de Louis XIV. D'après une lettre de Colbert, du 21
janvier 1682, les adjudications des ouvrages s'étaient éle-
vées à 153,947 livres, sur laquelle somme le roi voulut y
contribuer d'un quart.

Les négociants de Galais firent passer leurs marchandises
dans l'intérieur des Pays-Bas par le moyen de ce canal,
qui, d'après Expilly, a été creusé en 1681, et dont l'eau
est jaunâtre jusqu'à la distance d'environ une lieue de
cette dernière ville. Ce canal vient d'être curé de nouveau.

On prétend aussi que ce canal n'a été commencé qu'en
1683. Il favorisa singulièrement dans cette contrée les
progrès de l'agriculture ; mais il paraît que son entretien
ensuite fut tellement négligé qu'il finit par s'encombrer,
au point qu'on éprouvait chaque année des inondations
qui enlevaient les récoltes et occasionnaient de sérieux
dommages. De nombreuses plaintes s'élevèrent bientôt à
ce sujet, et M. Bachelet, stimulé par ses compatriotes, se
rendit à deux reprises comme leur représentant à Arras,
à la tenue des assemblées générales des Etats d'Artois de
1779 à 1780 ; et par ses sollicitations, les distributions de
ses mémoires de doléances imprimés, et l'apparence d'un
concert entre lui et M. de Calonne, intendant de Flandre
et d'Artois, qui faisait craindre la chûte de l'administration
artésienne, ce concitoyen zélé fit prendre par les Etats la
résolution de curer ce canal, et le curage en fut effectué
l'année suivante, en 1781, concurremment avec l'administration du Calaisis. Maintenant on doit bien soigner son
entretien pour éviter des dépenses considérables. — Le
plan de ce canal se trouve au cabinet des estampes de la
Bibliothèque royale.

On rapporte que, lors de cette grande opération, il a
été établi en deçà du pont de Saint-Pierre, sur le fil
du canal, un aqueduc de la hauteur de trois pieds six
pouces, au lieu de le bâtir au-dessous du lit du canal,
comme l'on en a pratiqué un pour l'écoulement des eaux
de Ruminghem pour le pays de l'Angle, ce qui apporte,
dit-on, un obstacle au cours des eaux et en diminue le
volume pour la navigation, fait qu'on peut vérifier à
volonté, obstacle facile à surmonter.

On sait quels immenses services a rendu à toute cette
contrée marécageuse l'administration générale des wat-
tringues, « dont les commissions gratuites, observe M.
*Allent*, réunissent des hommes qui ne sont pas moins

recommandables par leur instruction et leurs talents que par leur position sociale. »

Le Conseil général a voté il y a quelques années une dépense de 2,860,000 fr. pour la construction à Calais d'un vaste bassin destiné à recevoir les navires de commerce. Ce projet promet le double résultat de faciliter la navigation en tous les temps et de dessécher les vastes marais qui s'étendent dans toute cette partie du pays. La ville de Saint-Omer, considérée en quelque sorte comme centre de cette navigation, en recueillerait d'immenses avantages pour son commerce, et que sa position semble indiquer. (*Mémorial artésien*, n.° 246.) On connaît la loi du 19 juillet 1837 relative à l'amélioration du canal de Calais.

Le service de la barque de Saint-Omer à Calais, louée jadis 2,500 livres par an, remonte au 11 octobre 1780, selon une convention à ce sujet entre les magistrats de ces villes. Il fut autorisé de nouveau par un arrêté du préfet du 24 mai 1800, et depuis le 10 juin suivant, il est parfaitement rempli sous la direction de M. Hermant-Boyaval.

**FIN.**

AIRE. — IMPRIMERIE DE POULAIN.

# PETITES HISTOIRES

DES

## CANTONS NORD ET SUD DE SAINT-OMER.

### PAR H. PIERS.

Prix : 1 fr. 25 c.

196